Obra: LEY DE PROTECCIÓN DE DATOS
"La privacidad es un derecho de todos"
Autor: María Teresa García del Castillo Tercero
Coautor: Pedro Huete Luque
Coautor: Gema Avilés Cano
IBSN: 978-1-387-33110-9

ÍNDICE

INTRODUCCIÓN

Ley Orgánica de Protección de Datos y Garantía de Derechos Digitales (LOPDGDD).

Esta ley entró en vigor el 6 de diciembre de 2018, sustituyendo a la antigua Ley Orgánica 15/1999 de Protección de Datos de Carácter Personal. El objetivo de la LOPDGDD es adaptar la legislación española a la normativa europea, definida por el Reglamento General de Protección de Datos (RGPD), vigente desde el 25 de mayo de 2018.

La protección de las personas físicas en relación con el tratamiento de datos personales es un derecho fundamental protegido por el artículo 18.4 de la Constitución española. De esta manera, nuestra Constitución fue pionera en el reconocimiento del derecho fundamental a la protección de datos personales.

«La ley limitará el uso de la informática para garantizar el honor y la intimidad personal y familiar de los ciudadanos y el pleno ejercicio de sus derechos».

El Tribunal Constitucional señaló en su Sentencia 94/1998, de 4 de mayo, que nos encontramos ante un derecho fundamental a la protección de datos por el que se garantiza a la persona el control total sobre sus datos, y sobre su uso y destino, para evitar el tráfico ilícito de los mismos para la dignidad y los derechos de los afectados; de esta forma, el derecho a la protección de datos se configura como una facultad del ciudadano.

Internet, se ha convertido en una realidad omnipresente tanto en nuestra vida personal como colectiva. Una gran parte de nuestra actividad profesional, económica y privada se desarrolla en la Red y adquiere una importancia fundamental tanto para la comunicación humana como para el desarrollo de nuestra vida en sociedad. Ya en los años noventa, y conscientes del impacto que iba a producir Internet en nuestras vidas, los pioneros de la Red propusieron elaborar una Declaración de los Derechos del Hombre y del Ciudadano en Internet.

Hoy identificamos con bastante claridad los riesgos y oportunidades que el mundo de las redes ofrece a la ciudadanía. Corresponde a los poderes públicos impulsar políticas que hagan efectivos los derechos de la ciudadanía en Internet promoviendo la igualdad de los ciudadanos y de los grupos en los que se integran para hacer posible el pleno ejercicio de los derechos fundamentales en la realidad digital. La transformación digital de nuestra sociedad es ya una realidad en nuestro desarrollo presente y futuro tanto a nivel social como económico. Países de nuestro entorno ya han aprobado normativa que refuerza los derechos digitales de la ciudadanía.

Los constituyentes de 1978 ya intuyeron el enorme impacto que los avances tecnológicos provocarían en nuestra sociedad y, en particular, en el disfrute de los derechos fundamentales. Una deseable futura reforma de la

Constitución debería incluir entre sus prioridades la actualización de la Constitución a la era digital y, específicamente, elevar a rango constitucional una nueva generación de derechos digitales. En tanto no se acometa este reto, el legislador debe abordar el reconocimiento de un sistema de garantía de los derechos digitales que, inequívocamente, encuentra su anclaje en el mandato impuesto por el apartado cuarto del artículo 18 de la Constitución Española y que, en algunos casos, ya han sido perfilados por la jurisprudencia ordinaria, constitucional y europea.

El derecho fundamental de las personas físicas a la protección de datos personales, amparado por el artículo 18.4 de la Constitución, se ejercerá con arreglo a lo establecido en el Reglamento (UE) 2016/679 y en esta ley orgánica. Las comunidades autónomas ostentan competencias de desarrollo normativo y ejecución del derecho fundamental a la protección de datos personales en su ámbito de actividad y a las autoridades autonómicas de protección de datos que se creen les corresponde contribuir a garantizar este derecho fundamental de la ciudadanía.

En segundo lugar, es también objeto de la ley garantizar los derechos digitales de la ciudadanía, al amparo de lo dispuesto en el artículo 18.4 de la Constitución.

Destaca la novedosa regulación de los datos referidos a las personas fallecidas, pues, tras excluir del ámbito de aplicación de la ley su tratamiento, se permite que las personas vinculadas al fallecido por razones familiares o de hecho o sus herederos puedan solicitar el acceso a los

4

mismos, así como su rectificación o supresión, en su caso con sujeción a las instrucciones del fallecido. También excluye del ámbito de aplicación los tratamientos que se rijan por disposiciones específicas, en referencia, entre otras, a la normativa que transponga la citada Directiva (UE) 2016/680, previéndose en la disposición transitoria cuarta la aplicación a estos tratamientos de la Ley Orgánica 15/1999, de 13 de diciembre, hasta que se apruebe la citada normativa.

Finalidad

Proteger la intimidad, privacidad e integridad del individuo, en cumplimiento con el artículo 18.4 de la Constitución Española. Del mismo modo, regula las obligaciones del individuo en todo proceso de transferencia de datos para garantizar la seguridad del intercambio.

Se consideran datos personales aquella información en texto, imagen o audio que permita la identificación de una persona. Existen datos que se consideran de poco riesgo, como el nombre o el correo electrónico, mientras que otros son considerados de riesgo más elevado, por ejemplo datos sensibles relacionados con la religión o la salud personal.

No se tratan como datos personales aquellos que no permiten identificar a una persona. Por ejemplo, manuales de maquinaria, previsiones meteorológicas o datos que han pasado a ser anónimos, es decir, ya no se pueden relacionar con ningún individuo. En este caso, la normativa a cumplir es el Reglamento de libre circulación de datos no personales.

Otra de sus principales finalidades es establecer un marco legislativo para la protección de datos personales en Internet. En este sentido, incorpora puntos muy a tener en cuenta, como el derecho al olvido o a la portabilidad, además de cambios en la obtención del consentimiento para recoger y usar la información personal.

Principales modificaciones

La LOPDGDD establece bastantes cambios respecto a la anterior Ley de Protección de datos (1999). Se modifican los requisitos para obtener la información, guardarla o compartirla, y se establecen cambios en relación al tratamiento de datos de usuarios en internet. Lo vemos mejor en el siguiente epígrafe.

OBLIGACIONES

El objetivo de esta ley es hacer que las empresas y organizaciones tengan un compromiso mayor con el tratamiento de datos y archivos personales y regular la protección de datos. Para ello, establece una serie de obligaciones:

1. Rendición de cuentas

Se amplía la información que se les debe dar a los usuarios en relación con el tratamiento de sus datos, así como sus derechos en esta materia.

Se incorpora el concepto de privacidad desde el diseño (la elaboración de los procedimientos empresariales se tiene que realizar teniendo en cuenta la LOPDGDD desde un primer momento)

2. Notificación de brechas de seguridad

Las brechas en la seguridad que puedan afectar a los datos personales deben ser notificadas en un plazo máximo de 72 horas a la Autoridad de Control correspondiente (Agencia Española de Protección de Datos).

Se pueden ver afectados datos de carácter sensible y con gran repercusión a los afectados, también se le deberá notificar a los mismos.

REGISTRO DE LAS ACTIVIDADES DE TRATAMIENTO

La legislación actual elimina la obligación de registrar los ficheros ante la Autoridad de Control correspondiente.

Obliga a llevar un registro interno de todos los tratamientos de datos personales que lleva a cabo la entidad, siempre que tenga más de 250 empleados o cuando se traten, datos sensibles.

Consentimiento

Con carácter general, debe ser **libre, informado, específico e inequívoco**.

Las empresas deben revisar la forma en la que obtienen y guardan el consentimiento.

Actualmente existen prácticas que se encuadran en el llamado consentimiento tácito y que son aceptadas con la actual normativa pero dejarán de serlo cuando el Reglamento sea de aplicación.

Para poder considerar que el consentimiento es "incuestionable", el Reglamento General de Protección de

Datos requiere que haya una declaración de los interesados o una acción positiva que apunte al acuerdo del interesado.

La aceptación no puede deducirse del silencio o de la inacción de los ciudadanos.

Se exige que el consentimiento tenga que ser "manifiesto" en determinados casos. Por ejemplo, para autorizar el tratamiento de datos sensibles.

Por tanto, el consentimiento tiene que ser verificable y quienes recopilen información personal deben poder probar que el afectado les concedió su consentimiento.

Responsabilidad proactiva

También llamado Accountability. Esta obligación se refiere a la necesidad de prevención por parte de las empresas que manejan información personal.

Para cumplir la ley se han de adoptar medidas que garanticen de manera suficiente que están en condiciones de cumplir con las reglas, **derechos y garantías** que establece la normativa europea. Ésta entiende que actuar únicamente cuando ya ha tenido lugar la infracción no es suficiente como estrategia, ya que esa infracción puede ocasionar daños a los interesados que puede ser muy complicado compensar o reparar.

Todas las **organizaciones** que tratan archivos deben efectuar un **análisis de riesgos** de sus tratamientos para poder establecer qué medidas han de aplicar y cómo hacerlo.

Estos análisis pueden ser procedimientos sencillos en aquellas que no llevan a cabo más que unos pocos tratamientos elementales que no supongan, por ejemplo, **datos especialmente protegidos**. O trabajos más complejos con los que desarrollen muchos tratamientos, que afecten a gran número de personas o que por sus características requieren de una valoración cuidadosa de sus riesgos.

Para la adopción de las medidas específicas, se tendrán en cuenta estos riesgos:

- Perjuicio económico, moral o social significativo para los afectado en el tratamiento.
- Privación de derechos o control de los datos.
- Tratamiento masivo de datos o que revele una evaluación de aspectos personales de los afectados.
- Tratamiento de datos de personas vulnerables como menores o personas discapacitadas.
- Otros que considere el Responsable o Encargado de Tratamiento.

Evaluación de impacto de protección de datos

Las Evaluaciones de Impacto son la principal medida de responsabilidad proactiva.

Consiste en un análisis de los riesgos previos que puede acarrear un determinado sistema de información, producto o servicio con respecto a la protección de datos.

NOVEDADES QUE AFECTAN A PARTICULARES Y EMPRESAS

La esencia de la LOPDGDD es adaptar el ordenamiento español al Reglamento europeo de Protección de Datos.

El modelo español ha tenido que incorporar algunas novedades importantes. Entre otras cuestiones, se recogen nuevas obligaciones sobre tratamiento de datos personales en procedimientos transfronterizos, y establece garantías para la investigación biomédica más allá de la protección personal.

Cambios que introduce esta normativa respecto a la antigua LOPD de 1999.

Datos de personas fallecidas

Podrán dirigirse al responsable o encargado del tratamiento al objeto de solicitar el acceso a los datos personales de personas fallecidas y, en su caso, su rectificación o supresión:

- Personas vinculadas por razones familiares o de hecho.
- Instituciones o personas a las que el fallecido hubiese designado expresamente para ello.

- Representantes legales de los menores y el Ministerio Fiscal.
- Representantes legales de las personas con discapacidad, el Ministerio Fiscal y el personal de apoyo.

Amplía las personas que pueden tener acceso a esos datos.

Y ahí surge la polémica.

Porque permite que, si el fallecido no lo ha prohibido expresamente, accedan a ellos incluso personas que tuvieran algún conflicto con él.

Las personas vinculadas al fallecido por razones familiares o de hecho así como sus herederos podrán dirigirse al responsable o encargado del tratamiento al objeto de solicitar el acceso a los datos personales de aquella y, en su caso, su rectificación o supresión.

Como excepción, las personas a las que se refiere el párrafo anterior no podrán acceder a los datos del causante, ni solicitar su rectificación o supresión, cuando la persona fallecida lo hubiese prohibido expresamente o así lo establezca una ley. Dicha prohibición no afectará al derecho de los herederos a acceder a los datos de carácter patrimonial del causante

1. Las personas o instituciones a las que el fallecido hubiese designado expresamente para ello podrán también solicitar, con arreglo a las instrucciones

recibidas, el acceso a los datos personales de este y, en su caso su rectificación o supresión.

Mediante real decreto se establecerán los requisitos y condiciones para acreditar la validez y vigencia de estos mandatos e instrucciones y, en su caso, el registro de los mismos.

2. En caso de fallecimiento de menores, estas facultades podrán ejercerse también por sus representantes legales o, en el marco de sus competencias, por el Ministerio Fiscal, que podrá actuar de oficio o a instancia de cualquier persona física o jurídica interesada.

En caso de fallecimiento de personas con discapacidad, estas facultades también podrán ejercerse, además de por quienes señala el párrafo anterior, por quienes hubiesen sido designados para el ejercicio de funciones de apoyo, si tales facultades se entendieran comprendidas en las medidas de apoyo prestadas por el designado.

Consentimiento de menores

La edad en la que pueden consentir el tratamiento de sus datos personales es de 14 años.

Es decir, es una posibilidad, no una obligación que consientan de 14 años en adelante. En caso de menores de 14 años, deberán dar ese consentimiento sus padres o tutores legales.

TRATAMIENTO DE DATOS POR OBLIGACIÓN LEGAL

El tratamiento debe fundamentarse en una norma que recoja esa obligación legal, interés público o ejercicio de poder público.

La AEPD ha analizado la base jurídica de los tratamientos de datos por parte de Administraciones Públicas en un Informe. Y señala que la ley "no considera el consentimiento como un fundamento jurídico válido para el tratamiento de los datos por una Administración Pública".

Categorías especiales de datos

No vale sólo el consentimiento para tratar datos de ideología, afiliación sindical, religión, orientación sexual, creencias u origen racial o étnico.

Se establecen otros requisitos para tratar esos datos:

- Sea necesario para el cumplimiento de obligaciones y el ejercicio de derechos específicos del responsable del tratamiento o del interesado. Si lo autoriza el Derecho de la Unión de los Estados miembros o un convenio colectivo y se establecen garantías adecuadas del respeto de los derechos fundamentales y de los intereses del interesado.

- Sea imprescindible para proteger intereses vitales del interesado o de otra persona física, en el supuesto de que el interesado no esté capacitado, física o jurídicamente, para dar su consentimiento.

- Se realice, en el ámbito de sus actividades legítimas y con las debidas garantías, por una fundación, una asociación o cualquier otro organismo sin ánimo de lucro, cuya finalidad sea política, filosófica, religiosa o sindical. Si se refiere exclusivamente a los miembros actuales o antiguos de tales organismos y siempre que los datos personales no se comuniquen fuera de ellos sin el consentimiento de los interesados.

- Se refiera a datos personales que el interesado ha hecho manifiestamente públicos.

- Sea imprescindible para la formulación, el ejercicio o la defensa de reclamaciones o cuando los tribunales actúen en ejercicio de su función judicial.

- Existan razones de un interés público esencial.

Datos de contacto y de empresarios individuales

La base jurídica para tratar los datos de los autónomos sería el interés legítimo cuando su finalidad sea profesional.

Por ejemplo, puedes tratar los datos de contacto de un fontanero que va a realizarte una instalación en tu empresa.

Archivo público

Será lícito el tratamiento de datos por las Administraciones Públicas con fines de archivo basado en el interés público. Este se indicará en la normativa sectorial de archivo y patrimonio.

Tratamiento de infracciones penales y administrativas

Sólo se podrán tratar estos datos cuando:

- Los responsables de tratamiento sean los órganos competentes para la instrucción del procedimiento sancionador, para la declaración de las infracciones o la imposición de las sanciones. Siempre y cuando, estos datos sean estrictamente necesarios para la finalidad perseguida por esos órganos.
- Se prevea por una norma legal.
- Se lleve a cabo por Abogados y Procuradores, con objeto de recoger la información facilitada por sus clientes en el ejercicio de sus funciones.

Bloqueo de datos

Es un paso previo a la eliminación de los datos.

Significa que no se pueden utilizar datos bloqueados con ninguna finalidad, salvo la puesta a disposición de los datos de jueces y tribunales, Ministerio Fiscal o Administraciones Públicas competentes.

Delegado de Protección de Datos

Según la LOPDGDD existe la obligación de designar a un Delegado de Protección De Datos (DPD) en tres supuestos:

- En caso de que el tratamiento de los datos se realice por una autoridad u organismo público.
- Si las actividades y operaciones principales del responsable de datos exigen seguimiento regular y sistemático a gran escala.
- Cuando las actividades y operaciones principales del responsable requieren tratamientos a gran escala de datos personales que tienen que ver con delitos y condenas.

El Reglamento europeo ha creado mucha confusión. No queda claro cuándo sí y cuándo no es obligatorio tener un DPD.

La normativa se ha curado en salud y establece hasta 16 casos concretos en los que, de manera taxativa, se exige su contratación.

Los Delegados deben ser conocidos por la AEPD y/ o, en su caso, las autoridades autonómicas de protección de datos. Estos organismos están obligados a mantener una lista actualizada de esos delegados.

Y los Delegados deben poseer una titulación universitaria que acredite los conocimientos especializados en el derecho y la práctica en materia de protección de datos..

MODIFICACIÓN DE LA NORMATIVA ELECTORAL

Uno de los puntos más complicados e injustos de la LOPDGDD ha sido la inclusión de la Disposición Final Tercera que modifica la Ley Orgánica del Régimen Electoral General (LOREG).

En ella se establece que los partidos políticos podrán recabar datos personales, en el marco de sus actividades electorales, relativos a opiniones de carácter político.

Y podrán utilizar información y datos personales obtenidos de páginas webs (y otras fuentes accesibles al público) para la realización de actividades políticas durante el periodo electoral, entre las que se encuentran:

- El envío de propaganda electoral a través de sistemas de mensajería o por medios electrónicos.
- La contratación de propaganda electoral en redes sociales o medios equivalentes, que no tendrán la consideración de actividad o comunicación comercial.

Prácticas que son ilegales para el resto de los colectivos según la misma ley.

LOS NUEVOS DERECHOS DIGITALES

Estos son los derechos digitales aprobados por el Congreso de los diputados para adaptarse a las exigencias de la era digital:

1. Derecho a la neutralidad de Internet: Introduce un concepto de neutralidad en el que todos los datos de la red debe de ser tratadas de la misma forma aunque su contenido sea diferente.

2. Derecho de acceso universal a Internet: Tal y como dice la nueva ley, el Estado garantizará "un acceso universal, asequible, de calidad y no discriminatorio para toda la población"

3. Derecho a la seguridad digital: Los proveedores de Internet, deberán informar a sus usuarios de sus derechos y las comunicaciones recibidas y transmitidas deben ser seguras.

4. Derecho a la educación digital: A partir de la implantación de la ley, todos los planes educativos deberán incluir formación para usar las nuevas tecnologías digitales.

5. Protección de los menores en Internet: El Congreso indica que los tutores y familias "procurarán que los menores de edad hagan un uso equilibrado y responsable de los dispositivos digitales" para

"garantizar el adecuado desarrollo de su personalidad y preservar su dignidad y sus derechos fundamentales".

6. Derecho de rectificación en Internet: Se aplicará la normativa de la vulneración del honor o la intimidad cuando se difundan datos inexactos o falsos en la red.

7. Derecho a la actualización de informaciones en medios de comunicación digitales: Se reconoce que se pueda "solicitar motivadamente de los medios de comunicación digitales la inclusión de un aviso de actualización suficientemente visible junto a las noticias que le conciernan".

8. Derecho a la intimidad y uso de dispositivos digitales en el ámbito laboral: Las empresas deben establecer los criterios de uso de los dispositivos digitales junto con los representantes laborales.

9. Derecho a la desconexión digital en el ámbito laboral: Las empresas no podrán contactar con sus trabajadores fuera del horario laboral o en períodos de descanso.

10. Derecho a la intimidad frente al uso de dispositivos de videovigilancia y de grabación de sonidos en el lugar de trabajo: Hemos dedicado un artículo completo detallando todo lo que tiene que ver con la instalación de sistemas de videovigilancia en el trabajo.

11. Derecho a la intimidad ante la utilización de sistemas de geolocalización en el ámbito laboral: Se podrá

geolocalizar a los trabajadores siempre y cuando empleados y representantes estén debidamente informados "acerca de la existencia y características de estos dispositivos".

12. Derechos digitales en la negociación colectiva: Se especifica que los convenios colectivos establezcan las garantías y derechos para el tratamiento de datos personales de los trabajadores en el trabajo.

13. Protección de datos de los menores en Internet: El menor debe tener el consentimiento de los representantes legales y a partir de los 14 años podrá darlo él mismo.

14. Derecho al olvido en búsquedas de Internet.

15. Derecho al olvido en servicios de redes sociales y servicios equivalentes: Es una ampliación del derecho al olvido para cubrir las redes sociales. La retirada en dicho medios deberá producirse "sin dilación".

16. Derecho de portabilidad en servicios de redes sociales y servicios equivalentes: Se reconoce el derecho a enviar contenidos y datos personales de una red social a otra de manera automática.

17. Derecho al testamento digital: Si el muerto no ha dejado testamento, las personas vinculadas familiarmente podrán acceder al correo electrónico, redes sociales y servicios de mensajería instantánea como Telegram, pudiendo borrar o modificar los

datos que contengan. También podrán borrar los perfiles.

Desconexión digital de los trabajadores

Los trabajadores tendrán derecho a la desconexión digital a fin de garantizar, fuera del tiempo de trabajo legal o convencionalmente establecido, el respeto de: tiempo de descanso y vacaciones y su intimidad personal y familiar.

Con ello se pretende evitar en la medida de lo posible la fatiga informática de los trabajadores.

Las empresas tendrán que elaborar una política de uso responsable de los dispositivos. Con esta política, en caso de tener empleados que trabajen desde casa con dispositivos digitales, se garantizará el derecho a la desconexión laboral.

Llamadas al móvil, mensajes de WhatsApp o correos electrónicos, entre otros, suponen una vulneración de este derecho fundamental..

Hace más de 20 años que los Tribunales han emitido sentencias que impiden a los empresarios dar instrucciones a sus empleados fueras de las horas de trabajo. Así quedó reflejado en sendas sentencias del Tribunal Superior de Justicia de la Comunidad Valenciana en 1996, y en Baleares, en 1997.

Por eso, la LOPDGDD supone la creación por parte del Congreso de una jurisprudencia de aplicación común en todo el territorio español.

Por eso, algunos bancos, han querido adelantarse a los acontecimientos. En junio de 2018, estas entidades ya pactaron con los sindicatos las nuevas condiciones laborales, que incluyen la desconexión digital. Los trabajadores de estas compañías no estarán, por convenio, obligados a responder llamadas, SMS o correos electrónicos fuera de su horario de trabajo.

Acceso por la empresa a contenidos del trabajador

Se permite a la empresa acceder a los contenidos de los dispositivos digitales facilitados a sus trabajadores solo con el fin de controlar el cumplimiento de las obligaciones laborales, además de garantizar la integridad de dichos dispositivos.

Por eso deben cumplirse algunos requisitos:

- La empresa elaborará un protocolo de uso de los dispositivos digitales y se lo comunicará directamente a los trabajadores.
- Las normas de uso de dispositivos digitales deberán regular con precisión el alcance de la privacidad del trabajador.

- Para que la empresa pueda acceder al contenido de dispositivos digitales de sus trabajadores es necesario que el protocolo de uso de esos dispositivos indique de forma precisa los usos admitidos y medidas previstas para garantizar la intimidad de los trabajadores.

Sentencia real:

Un ejemplo de la importancia de establecer unos protocolos internos conocidos por los trabajadores es una sentencia del Tribunal Supremo del 17 de marzo de 2017. Una empresa, pretendía revisar la reducción de jornada de trabajo que el Tribunal había concedido a una trabajadora. La empleada alegaba que esta reducción de trabajo era obligada debido a su maternidad. Pero la empresa encontró en el correo electrónico corporativo de la empleada un email con su abogado, en el que se constataba que el verdadero motivo para pedir la reducción de jornada no era la maternidad, sino forzar a la empresa a despedirla y pagarle dicha indemnización.

Para entrar en el correo de la empleada, la empresa alegó que necesitaba acceder para terminar su trabajo pendiente mientras estaba de baja por maternidad.

A pesar de las alegaciones de la compañía, el Tribunal Supremo dio la razón a la trabajadora, al estimar que la empresa no había establecido ningunas instrucciones previas para el uso de los medios digitales, y tampoco había comunicado a su empleada los motivos para entrar en su correo electrónico.

Videovigilancia

La ley contempla que la empresa pueda tratar las grabaciones obtenidas por cámaras fotográficas y de vídeo. Además de aquellos datos relacionados con la localización del trabajador siempre que sea para el ejercicio de las funciones de control de los empleados previstas en el Estatuto de los trabajadores y se ejerzan dentro de la ley.

"No podrá haber cámaras en zonas de descanso, baños, vestuarios, aseos, etc"

La finalidad de la videovigilancia será la de garantizar la seguridad de las personas y bienes, así como de sus instalaciones.

Los datos deberán ser suprimidos en el **plazo de 1 mes** y el derecho de información se puede cumplir con un cartel en el que se recoja:

- El tratamiento
- Responsable de tratamiento
- Lugar donde ejercer los derechos
- Lugar donde consultar más información

En general, se prohíben en las zonas de esparcimiento y descanso.

Obliga a la empresa a informar a sus empleados de la existencia y localización de estos dispositivos de grabación, y de lo que supondrá descubrir determinadas actuaciones a través de ellos.

Caso práctico:

Uno de los ejemplos más conocidos de los últimos tiempos sobre videovigilancia de trabajadores.

En una cadena de alimentación, los gerentes observaron un desfase entre el stock y la facturación de las cajas. Para detectar de dónde provenía esta diferencia, el supermercado instaló dos tipos de cámaras de seguridad.

- Cámaras visibles que enfocaban a los clientes.
- Cámaras ocultas que grababan a los empleados en las cajas.

Las pruebas determinaron que cinco empleados estaban implicados en el robo de dinero en cajas, y éstos fueron despedidos.

Los empleados demandaron al supermercado, alegando que el despido vulneraba el artículo 8 de su convenio, que exigía respeto a la vida privada. Sin embargo, el Tribunal Superior de Justicia de Cataluña falló a favor del empresario, alegando que tenía sospechas fundadas para instalar las cámaras y las medidas de control eran proporcionadas.

Sin embargo, el Tribunal Europeo de Derechos Humanos ha terminado por darles la razón a los trabajadores, en una sentencia que ha creado precedente. El TEDH (Tribunal Europeo de derechos humanos) estimó que la empresa había vulnerado el artículo 5 de la Ley Orgánica de Protección de Datos de Carácter Personal.

Derecho al olvido

Se regula también el derecho al olvido. Este derecho asiste al ciudadano en la defensa de su privacidad, intimidad y la protección de sus datos en internet.

En este sentido, el derecho al olvido permite al usuario reclamar aquellos datos presentes en internet o en buscadores que contengan información obsoleta o desactualizada (aunque sea verídica).

Según este derecho, los usuarios pueden exigir la supresión de datos personales en determinados casos.

La petición de eliminación de la información de Internet puede hacerse cuando:

- Los datos ya no son necesarios para la finalidad para la que fueron recogidos.
- El usuario interesado retira su consentimiento para que se sigan usando esos datos.
- Los datos se hayan obtenido o tratado de forma ilícita.

Este derecho no podrá ejercitarse en una serie de casos:

- Cuando deba prevalecer el derecho a la libertad de expresión e información
- Por razones de interés público

Ejemplo de caso real:

Un famoso ejemplo de ejercicio del derecho al olvido en España . El denunciante interpuso una demanda contra Google por ofrecer información personal sobre él desfasada, y que atentaba contra su intimidad y dignidad. El objetivo era que Google retirara esos datos, que incluían información sobre su estado civil y económico. Tras una batalla legal que ha durado varios años, el Tribunal de Justicia de la Unión Europea ha dado la razón a este ciudadano, reconociendo el derecho al olvido en Internet por primera vez.

Menores y educación digital

En esta nueva ley se fija la edad mínima de acceso de los menores a redes sociales sin consentimiento de los padres en los 14 años, frente a los 13 años en el texto inicial.

La ley europea deja a la regulación de cada Estado miembro la fijación de esa edad en una banda de entre 13 y 16 años.

La difusión de imágenes de menores en redes sociales que pueda suponer una intromisión ilegítima en sus derechos fundamentales puede terminar en una intervención del Ministerio Fiscal.

Respecto a la educación digital, se establece la necesidad de que en el ámbito educativo se garantice un uso seguro de los medios digitales. Y se respeten los derechos reconocidos en la Constitución española.

Algunos datos preocupantes: el 50% de los menores sube contenido a Internet sin ningún tipo de supervisión, nueve de cada diez padres desconoce qué páginas visitan sus hijos en Internet y uno de cada tres menores entre 12 y 14 años recibe imágenes de contenido sexual en su móvil.

Para ello, los profesores deben formarse en esta materia.

Y además debe incluirse el uso seguro de medios digitales dentro de las materias a estudiar en las Universidades y en los temarios de oposiciones a cuerpos superiores de la Administración pública cuando esté relacionado con el ejercicio de sus funciones.

En este sentido son importantes iniciativas como las que lleva a cabo Internet Segura for Kids. Se trata de un proyecto que organiza jornadas escolares en centros educativos, donde profesores y alumnos pueden aprender a usar internet de forma segura. Hay distintos tipos de cursos:

- Jornadas para profesores fuera del horario lectivo (3 horas de duración).
- Talleres para alumnos de 3º ESO hasta 2º Bachillerato, dentro del horario lectivo (2 clases de 50 minutos).

Ayudas para acceder a Internet

- Las compañías de Internet y móvil siguen incrementando el número de servicios que podemos contratar. A pesar de ello, todavía existen familias que no pueden acceder a la red desde sus casas, sobre todo en el ámbito rural.
- Los problemas son variados: falta de la tecnología en zonas poco pobladas, precios demasiado altos, etc. De ahí la necesidad de establecer descuentos sobre esas cuotas de acceso a Internet en función de la situación o las rentas familiares.
- Como novedad está la posible entrada en vigor de un bono social para facilitar el acceso a Internet a todos los sectores de la población.
- Se trataría de bonos sociales similares a los que se ofrecen en las facturas eléctricas. Los sectores de población que tendrían acceso a los descuentos serían las familias numerosas, con bajo nivel de ingresos, desempleados o pensionistas. La inversión prevista es

de 50 millones de euros y se pretende garantizar una velocidad mínima de 30 mbps.

Derecho a la neutralidad de Internet

- Los proveedores deben proporcionar una oferta transparente de servicios sin discriminación por motivos técnicos o económicos.
- Y garantizar la seguridad de las comunicaciones que los usuarios bien reciban o bien transmitan a través de la red.
- Es decir, es el derecho a que los proveedores de servicios de Internet y los gobiernos que lo regulan traten a todo tráfico de datos que transita por la red sin discriminación. Sin cobrar a los usuarios una tarifa dependiendo del contenido, página web, plataforma o aplicación a la que accedan.
- Tampoco debe tenerse en cuenta el tipo de equipamiento, dispositivo o método de comunicación que utilizan para el acceso.
- Asimismo, los proveedores de contenidos en internet no pueden dificultar el acceso de los usuarios a servicios de competidores. Por ejemplo, Movistar no puede impedir o poner trabas al acceso de un usuario a   Netflix.

Por tanto, la neutralidad de la red impide que el proveedor contratado cargue tarifas adicionales por visitar alguna web. Si este derecho es vulnerado, se perderá, no solo la libertad de ver lo que quieras en la red, sino que, además, te cobrarán más

Derecho al testamento digital

- Los familiares o herederos del fallecido pueden trasladar a los servicios de la sociedad de información la voluntad sobre el destino o la supresión de los datos, salvo que la persona fallecida lo hubiera prohibido expresamente.
- Con este derecho se permitirá a los ciudadanos designar en sus testamentos a sus **herederos digitales** para que reclamen ante las empresas la información colgada por la persona difunta.
- En ese **testamento digital** se incluirán, por ejemplo, las contraseñas de acceso a las cuentas bancarias, a las redes sociales o a almacenes online.

Caso real:

Uno de los dictámenes más esperados acerca del testamento digital y que ha sentado jurisprudencia de cara a la próxima ley español de protección de datos, es la resolución de un tribunal alemán sobre el caso de unos padres que querían entrar en el Facebook de su hija fallecida.

En un principio, el Tribunal de Berlín dio la razón a los padres. Sin embargo, la apelación de Facebook (que se negaba a permitir el acceso a los datos de la menor) convenció a la Corte de Berlín.

Finalmente, la Corte Federal de Karlsruhe ha fallado a favor de la familia, argumentando que se trata de una cuenta de usuario y no de una persona específica. Por tanto, según este tribunal, es esperable que, en algún momento, por alguna circunstancia, se requiera la entrada de terceros en dicha cuenta.

La herencia digital es un tema ético que necesita urgentemente una normativa. Hasta el momento, las empresas han actuado como han querido.
Por ejemplo, Apple denegó en 2016 el acceso al FBI a un iPhone que era propiedad del presunto autor de un atentado. Sin embargo, no tuvo inconvenientes en desbloquear el terminal de un niño fallecido de cáncer para que sus padres pudieran acceder fotos o vídeos de recuerdo.

Acceso a ficheros públicos y eclesiásticos

La LOPDGDD facilitará el acceso de las familias del colectivo conocido como bebés robados a ficheros con sus datos, incluidos los eclesiásticos.

La normativa incluye una disposición adicional con una referencia expresa para que se atiendan las peticiones de acceso a archivos públicos y eclesiásticos que sean objeto de investigaciones policiales o judiciales.

La ley garantizará además que el derecho a la privacidad no perjudique la investigación biom.

RÉGIMEN SANCIONADOR

Según la infracción, las sanciones LOPDGDD y RGPD administrativas pueden alcanzar de entre 10 y 20 millones de euros, o entre el 2 y el 4% del volumen de negocio anual global. Las infracciones se dividen en muy graves, graves y leves.

Muy graves: prescriben a los tres años.

- Uso de los datos para una finalidad diferente de la anunciada
- Omisión del deber de informar al afectado
- Exigencia de un pago para poder acceder a los datos propios almacenados
- Transferencia internacional de información sin garantías…

Graves: prescriben a los dos años.

- Datos de un menor recabados sin consentimiento
- Falta de adopción de medidas técnicas y organizativas necesarias para la efectiva protección de datos
- Incumplimiento de la obligación de nombrar responsable o encargado de tratamiento de datos

Leves: prescriben en un año

- No transparencia de la información
- Incumplimiento de no informar al afectado cuando lo haya solicitado
- Incumplimiento por parte del encargado de sus obligaciones

EL FUTURO DE LA PROTECCIÓN DE DATOS EN ESPAÑA

A la vista de los cambios que se están produciendo en este sector como esta nueva normativa europea, nos planteamos cómo va a evolucionar la Ley de Protección de Datos en nuestro país.

Diferencias entre LOPDGDD y RGPD

La Ley de Protección de Datos personales y Garantía de Derechos Digitales (LOPDGDD) no es más que la adaptación al territorio español del Reglamento General de Protección de Datos (RGPD) que se aplica a nivel europeo.

La LOPDGDD en España profundiza en algunos aspectos más concretos que se aplican solo dentro de las fronteras del país. En este sentido, incluye información específica sobre determinados tratamientos concretos:

- Datos de contacto de empresarios y profesionales liberales
- Sistemas de información crediticia
- Operaciones mercantiles
- Videovigilancia en el trabajo
- Exclusión publicitaria

- Denuncias internas
- Función de estadística pública
- Archivo de interés público
- Infracciones y sanciones administrativas

La LOPDGDD, en sus artículos 34 al 37, señala que la certificación del Delegado de Protección de Datos.no es obligatoria, algo a lo que no hace referencia el RGPD

Por su parte, el reglamento europeo, en el artículo 37, establece el papel que juega el Delegado de Protección de Datos o DPD ante una reclamación. Pueden darse dos situaciones:

- Qué el afectado se dirija al DPD para que este remita la queja a la Agencia Española de Protección de Datos
- Qué la AEPD se dirija al Delegado de Protección de Datos remitiéndole la queja del afectado.

Básicamente, estas son las diferencias entre la LOPDGDD y el RGPD a nivel de contenidos. Después, la normativa española también se detiene en adaptar los preceptos básicos de la ley europea al ámbito español.

RESUMEN DEL REGLAMENTO EUROPEO DE PROTECCIÓN DE DATOS (RGPD)

Concienciación

Debemos asegurarnos de que los tomadores de decisiones y las personas clave en nuestra organización son conscientes del cambio con el RGPD. Hay que apreciar el impacto que esto puede tener e identificar áreas que podrían causar problemas de cumplimiento bajo del RGPD.

Es muy útil comenzar examinando el registro de riesgos de nuestra organización, si lo tenemos.

La implementación del Reglamento UE tiene importantes implicaciones de recursos, especialmente para organizaciones más grandes y complejas.

Información que tratamos

Debemos documentar los datos personales que poseemos, de dónde proceden y con quién los compartimos. Puede que necesitemos organizar una auditoría de información, en toda la organización o en áreas de negocio particulares.

El RGPD actualiza los derechos de un mundo en red.

Por ejemplo, si tenemos datos personales inexactos y hemos compartido esto con otra organización, tenemos que informar a la otra organización sobre la inexactitud para que pueda corregir sus propios registros. No podremos hacer esto a menos que sepamos qué datos personales tenemos, de dónde proceden y con quién los compartimos. De ahí la necesidad de documentarlo.

También nos ayudará a cumplir con el principio de rendición de cuentas del RGPD, que requiere que las organizaciones puedan mostrar cómo cumplen con los principios de protección de datos, por ejemplo, mediante políticas y procedimientos eficaces.

Comunicación de la información de privacidad

Debemos revisar los avisos de privacidad y hacer los cambios necesarios con la implementación del Reglamento.

Con el RGPD hay algunas cosas adicionales de las que debemos informar. Por ejemplo, tienes que explicar:

- Su base legal para procesar los datos

- Períodos de retención de datos
- El derecho de las personas a presentar una queja ante la autoridad de control si piensan que hay un problema con la forma en que están manejando sus datos.

Además, el RGPD requiere que la información se proporcione en un lenguaje conciso, fácil de entender y claro.

La UE establece un código de prácticas sobre los avisos de privacidad que refleja los nuevos requisitos del RGPD.

Derechos de los individuos

Es necesario revisar los procedimientos para asegurarte de que cubren todos los derechos que tienen las personas, incluyendo, cómo eliminar datos personales o cómo proporcionar datos electrónicamente.

Derechos con el RGPD

Los principales derechos de las personas bajo el RGPD son:

- Acceso
- Corrección de las inexactitudes
- Posibilidad de eliminar información
- Evitar la comercialización directa

- Prevenir la toma de decisiones y perfiles automatizados
- Portabilidad de datos

En general, los derechos que disfrutan los individuos en el marco del RGPD son los mismos que los existentes en la normativa pasada (LOPD ; actualmente está la LOPDGDD), pero con algunas mejoras significativas.

Este es un buen momento para revisar los procedimientos y averiguar cómo reaccionaría, si aún no lo has hecho si alguien pide que se borren sus datos personales, por ejemplo.

Derecho a la portabilidad

El derecho a la portabilidad de datos es nuevo.

Esta es una forma mejorada del derecho de acceso donde el sujeto tiene que proporcionar los datos electrónicamente y en un formato comúnmente usado. Muchas organizaciones ya suministrarán los datos de esta manera, pero si utiliza impresiones en papel o un formato electrónico inusual, debes realizar los cambios necesarios.

Solicitudes de acceso

Debes actualizar tus procedimientos y planificar cómo manejarás las solicitudes dentro de las nuevas escalas de tiempo y proporcionar cualquier información adicional.

Las reglas para tratar con las solicitudes de acceso de sujetos han cambiado con el RGPD.

En la mayoría de los casos no se puede cobrar por cumplir con una solicitud y normalmente tienes un mes para cumplir, en lugar de los 40 días de la LOPD pasada.

Hay diferentes motivos para denegar el cumplimiento de la solicitud de acceso a la materia: las solicitudes manifiestamente infundadas o excesivas pueden ser cobradas o rechazadas. Si desea rechazar una solicitud, deberá disponer de políticas y procedimientos para demostrar por qué la solicitud cumple estos criterios.

También debe proporcionarse información adicional a las personas que realicen solicitudes, como los períodos de retención de datos y el derecho a corregir datos inexactos.

Debes desarrollar sistemas que permiten a las personas acceder a su información fácilmente en línea. Las organizaciones deberían considerar la posibilidad de realizar un análisis costo/beneficio de la prestación de acceso en línea.

Fundamento jurídico para el tratamiento de los datos personales

Es necesario analizar los diversos tipos de procesamiento de datos que realizamos, identificar su base legal para llevarla a cabo y documentarlos.

Muchas organizaciones no han pensado en su base legal para procesar datos personales.

Los derechos de algunos individuos son modificados dependiendo de su base legal para el procesamiento de sus datos personales. El ejemplo más obvio es que las personas tienen derecho más fuerte a que sus datos sean borrados cuando usen el consentimiento como su base legal para el procesamiento.

También tienes que explicar su base legal para el procesamiento de datos personales en su aviso de privacidad y cuando responda a una solicitud de acceso de asunto.

Las bases jurídicas en el RGPD, son en general, las mismas por lo que debería ser posible mirar los diversos tipos de procesamiento de datos que realizar e identificar su base legal para hacerlo.

Una vez más, debe documentar esto con el fin de ayudarte a cumplir con los requisitos de "rendición de cuentas".

Consentimiento

Debe revisarse cómo se está buscando, obteniendo y registrando el consentimiento y si necesitamos hacer cualquier cambio.

El RGPD tiene referencias tanto al "consentimiento" como al "consentimiento explícito".

La diferencia entre los dos no es clara dado que ambas formas de consentimiento tienen que darse libremente, específicas, informadas e inequívocas. El consentimiento también tiene que ser una indicación positiva de acuerdo a los datos personales que se están procesando.

Debemos asegurarnos de que cumplimos con los estándares requeridos por el RGPD. De no ser así, tenemos que modificar los mecanismos de consentimiento.

Hay que tener en cuenta que el consentimiento tiene que ser verificable.

Menores

Debemos disponer de sistemas para verificar la edad de los individuos y para obtener el consentimiento de los padres o tutores para la actividad de procesamiento de datos.

Por primera vez, el RGPD ofrece protección especial para los datos personales de los niños, especialmente en el contexto de los servicios comerciales de Internet, como las redes sociales.

Si recopilamos información sobre los niños necesitaremos el consentimiento de un padre o tutor para procesar sus datos personales legalmente. Esto podría tener implicaciones significativas si la organización busca servicios en los niños y recopila sus datos personales.

Recuerda que el consentimiento tiene que ser verificable y que al recolectar los datos de los niños su aviso de privacidad debe estar escrito con un lenguaje que los niños entiendan.

Violaciones de datos

Debemos disponer de los procedimientos adecuados para detectar, informar e investigar una violación de datos personales.

El RGPD tiene obligación de notificación de violación de datos personales en todos los casos.

No todos los incumplimientos tienen que ser notificados, solamente aquellos donde el individuo es probable que sufra algún tipo de daño, como por robo de identidad o una violación de confidencialidad.

Por tanto, debemos asegurarnos de que tenemos los procedimientos adecuados para detectar, informar e investigar una violación de datos personales. Esto podría implicar la evaluación de los tipos de datos que posee y la documentación de los que estarían incluidos en el requisito de notificación en caso de incumplimiento.

En algunos casos, habrá que notificar a las personas cuyos datos han sido objeto de la violación directamente, por ejemplo, donde el incumplimiento podría dejarlos abiertos a pérdidas financieras.

Las organizaciones más grandes necesitan desarrollar políticas y procedimientos para manejar las violaciones de datos, ya sea a nivel central o local. Ten en cuenta, que el hecho de no informar de una infracción cuando se requiera podría ocasionar una multa.

Protección de Datos desde el diseño y Evaluaciones de Impacto

Es necesario conocer las Evaluaciones de Impacto de la Privacidad (PIA) y averiguar cómo implementarlas en su organización.

Éstas pueden vincularse a otros procesos organizacionales como la gestión de riesgos y la gestión de proyectos. Debemos comenzar a evaluar las situaciones en las que será necesario realizar un PIA.

Siempre ha sido una buena práctica adoptar un enfoque de la privacidad por diseño y llevar a cabo una evaluación de impacto sobre la privacidad como parte de esto. Un enfoque de privacidad por diseño y minimización de datos siempre ha sido un requisito implícito de los principios de protección de datos. Sin embargo, el RGPD hace de este un requisito legal expreso.

Ten en cuenta que no siempre hay que realizar un PIA, se requiere en situaciones de alto riesgo, por ejemplo, cuando se está implementando una nueva tecnología o donde una operación de perfilado es probable que afecte significativamente a las personas. Cuando un PIA indica un procesamiento de datos de alto riesgo, se le solicitará que consulte al ICO para solicitar su opinión sobre si la operación de procesamiento cumple con el RGPD.

Delegados de Protección de Datos

Hay que designar a un DPO, si es necesario, o a alguien que asuma la responsabilidad del cumplimiento de la protección de datos y habrá que evaluar dónde se situará este rol dentro de la estructura y los arreglos de gobierno de su organización.

El RGPD exige que algunas organizaciones designen a un delegado de protección de datos, por ejemplo, las autoridades públicas o aquellas cuyas actividades impliquen el seguimiento regular y sistemático de los datos a gran escala.

Lo importante es asegurarse de que alguien de la organización, o un asesor externo de protección de datos, a suma la responsabilidad del cumplimiento de la protección de datos y tenga el conocimiento, el apoyo y la autoridad para hacerlo de manera eficaz.

Debemos determinar si necesitaremos un Delegado de Protección de Datos y, de ser así, evaluar si su enfoque actual de conformidad con la protección de datos cumplirá con los requisitos de RGPD.

Internacional

Si nuestra organización opera internacionalmente, debemos determinar a qué autoridad de supervisión de la protección de datos debe someterse.

El RGPD contiene disposiciones bastante complejas para determinar qué autoridad de supervisión de la protección de datos toma la iniciativa cuando se investiga una denuncia con un aspecto internacional, por ejemplo, cuando una operación de tratamiento de datos afecta a personas de varios Estados miembros.

La autoridad principal se determina según donde la organización tiene su administración principal o donde se toman decisiones sobre el procesamiento de datos. En una sede tradicional esto es fácil de determinar. Es más difícil para las empresas complejas de varios sitios donde las decisiones sobre las diferentes actividades de procesamiento se toman en diferentes lugares.

NOVEDADES LOPD
GARANTÍA DE LOS DERECHOS DIGITALES

Con esta ley se amplía a Internet la exigencia y aplicación de los derechos y libertades reconocidos en la Constitución y en los Tratados Internacionales

DERECHO A LA DESCONEXIÓN DIGITAL EN EL ÁMBITO LABORAL

DERECHO AL OLVIDO EN INTERNET Y REDES SOCIALES

DERECHO A LA EDUCACIÓN DIGITAL Y PROTECCIÓN DE MENORES

BONO SOCIAL DE ACCESO A INTERNET

INFORME ANUAL

53

Exactitud de los datos.

1. Conforme al artículo 5.1.d) del Reglamento (UE) 2016/679 los datos serán exactos y, si fuere necesario, actualizados.

2. A los efectos previstos en el artículo 5.1.d) del Reglamento (UE) 2016/679, no será imputable al responsable del tratamiento, siempre que este haya adoptado todas las medidas razonables para que se supriman o rectifiquen sin dilación, la inexactitud de los datos personales, con respecto a los fines para los que se tratan, cuando los datos inexactos:

   a) Hubiesen sido obtenidos por el responsable directamente del afectado.

   b) Hubiesen sido obtenidos por el responsable de un mediador o intermediario en caso de que las normas aplicables al sector de actividad al que pertenezca el responsable del tratamiento establecieran la posibilidad de intervención de un intermediario o mediador que recoja en nombre propio los datos de los afectados para su transmisión al responsable. El mediador o intermediario asumirá las responsabilidades que pudieran derivarse en el supuesto de comunicación al responsable de datos que no se correspondan con los facilitados por el afectado.

   c) Fuesen sometidos a tratamiento por el responsable por haberlos recibido de otro responsable en virtud del ejercicio por el afectado del derecho a la portabilidad conforme al artículo 20 del Reglamento (UE) 2016/679 y lo previsto en esta ley orgánica.

d) Fuesen obtenidos de un registro público por el responsable.

Deber de confidencialidad.

1. Los responsables y encargados del tratamiento de datos así como todas las personas que intervengan en cualquier fase de este estarán sujetas al deber de confidencialidad al que se refiere el artículo 5.1.f) del Reglamento (UE) 2016/679.

2. La obligación general señalada en el apartado anterior será complementaria de los deberes de secreto profesional de conformidad con su normativa aplicable.

3. Las obligaciones establecidas en los apartados anteriores se mantendrán aun cuando hubiese finalizado la relación del obligado con el responsable o encargado del tratamiento.

Tratamiento basado en el consentimiento del afectado.

- De conformidad con lo dispuesto en el artículo 4.11 del Reglamento (UE) 2016/679, se entiende por consentimiento del afectado toda manifestación de voluntad libre, específica, informada e inequívoca por la que este acepta, ya sea mediante una declaración o una clara acción afirmativa, el tratamiento de datos personales que le conciernen.

- Cuando se pretenda fundar el tratamiento de los datos en el consentimiento del afectado para una pluralidad de finalidades será preciso que conste de manera específica e inequívoca que dicho consentimiento se otorga para todas ella

- No podrá supeditarse la ejecución del contrato a que el afectado consienta el tratamiento de los datos personales para finalidades que no guarden relación con el mantenimiento, desarrollo o control dela relación contractual.

BIBLIOGRAFÍA

- Grupo Atico 34

- Boe

- Ayudaleyproteccióndedatos

www.ingramcontent.com/pod-product-compliance
Lightning Source LLC
Chambersburg PA
CBHW071727170526
45165CB00005B/2190